瞭解你五歲的孩子

雷思麗‧霍迪克 著
(Lesley Holditch)

盧美貴、劉清 譯

三民書局

國家圖書館出版品預行編目資料

瞭解你五歲的孩子／雷思麗‧霍迪克
(Lesley Holditch)著；盧美貴,
劉清譯.--初版.--臺北市：三民,
民85
　　面；　　公分
譯自：Understanding your 5
　　　year old
參考書目：面
ISBN 957-14-2434-X (平裝)

1.兒童心理學

173.12　　　　　　　　　85003076

國際網路位址　http://sanmin.com.tw

© 瞭解你五歲的孩子

著作人	雷思麗‧霍迪克 (Lesley Holditch)
譯　者	盧美貴　劉　清
發行人	劉振強
著作財產權人	三民書局股份有限公司
	臺北市復興北路三八六號
發行所	三民書局股份有限公司
	地　址／臺北市復興北路三八六號
	郵　撥／○○○九九九八——五號
印刷所	三民書局股份有限公司
門市部	復北店／臺北市復興北路三八六號
	重南店／臺北市重慶南路一段六十一號
初　版	中華民國八十五年九月

編　號　S 52074

基本定價　肆　元

行政院新聞局登記證局版臺業字第○二○○號

ISBN 957-14-2434-X (平裝)

盧序 ── 愛他・請認識他

　　淘氣「阿丹」上學的第一天，帶了個「阿丹塑像」及「錄音機」到教室上課。

　　原班老師久聞「阿丹」盛名，第一天上課就請病假，由代課老師上課。代課老師問阿丹怎麼才剛上課就「不安於室」的搬出「塑像」和「錄音機」。阿丹指著阿丹塑像說：「『他』是來代替我上課的，你瞧！他最乖了，不吵也不鬧！錄音機是用來錄音你講的課，因為我媽媽說你講的每一句話我都要記住。有了這些道具，我是不是就

可以出去玩了呢?」代課老師說:「你簡直亂來,怎麼可以找人代替上課呢?」阿丹理直氣壯的說:「可以有『代課老師』, 為什麼不可以有『代課學生』呢?」

　　這個個案裡說明了當今教養與教育上的諸多問題,如果父母與老師瞭解孩子的發展與需求,也許「暴走族」的孩子就不會產生了。為了讓2000年的臺灣孩子有更生動活潑,以及更人性化的學習環境,上至教育部、教改會,下至民間各個團體紛紛卯足熱勁,扮起教育改革的「拼命三郎」。在參與及推動教育改革的過程中,我和一起工作的老師、父母們有快樂歡愉的經驗,但也有黯然神傷的時候,最重要的原因在於成人往往忽略孩子各個階段的發展與個別差異的需求,這也正是現今「教育鬆綁」窒礙難行之處,真愛孩子就必

須為孩子量身訂做適合孩子成長的學習環境。

　　三民書局為使父母與老師對孩子的發展能更瞭解與認識，同時對孩子的各種疑難雜症，能有「絕招」以對，將採由E.奧斯朋(E. Osborne)主編「瞭解你的孩子」(*Understanding Your Child*) 系列叢書，聘請學理與實務經驗俱豐的專家譯成中文以饗讀者。希望藉此，讓父母與教師在面對各個不同的個案時，能迎刃而解。同時在「琢磨」孩子的過程中，也能關照孩子的「本來」。

　　從初生到二十歲這一成長階段的關注與指南，在國內的出版品中仍屬少見。除了謝謝三民書局劉振強董事長及編輯同仁的智慧與愛心外，更盼你從這些「珍本」中，細體孩子追趕跑跳碰的童年，以及狂狷青少年的生理與心理上的種種變化與特徵。

愛孩子是要學習的，讓我們從認識孩子的發展與需要著手，然後真正的「因材施教」，使每個孩子健健康康、快快樂樂的成長與學習。

盧美貴

於臺北市立師範學院

民國85年8月1日

診所簡介

　　泰佛斯多診所 (The Tavistock Clinic)，1920
年成立於倫敦，以因應生活遭遇到第一次世界大
戰破壞之人們的需要。今天，儘管人與時代都已
改變了，但診所仍致力於瞭解人們的需要。除了
協助成年人和青少年之外，目前泰佛斯多診所還
擁有一個大的部門服務兒童和家庭。該部門對各
年齡層的孩子有廣泛的經驗，也幫助那些對養育
孩子這件挑戰性工作感到挫折的父母。他們堅決
表示成人要盡早介入孩子在其成長過程中所可能

出現的不可避免的問題；並且堅信如果能防患於未然，父母是幫助孩子解決這些問題的最佳人選。

因此，診所的專業人員很樂意提供這一套描述孩子成長過程的叢書，幫助父母們認識孩子成長過程中的煩惱，並提供建議以幫助父母思考其子女的成長。

著者

雷思麗・霍迪克(Lesley Holditch)是在泰佛斯多診所(The Tavistock Clinic)兒童家庭部門服務的兒童心理醫師。她負責診所業務以及與學校間的聯繫工作，此外也兼任研究所教育心理學訓練課程的指導教授。雷思麗自倫敦大學心理系畢業後，在國小任教；隨後又接受訓練成為教育心理學家，並成為教育心理學的權威。

在由艾蜜莉亞・道林(Emilia Dowling)和艾爾斯・奧斯朋(Elsie Osborne)合編之《家庭與學

校》(*The Family and the School*) 中，雷思麗和路
勒 (Routledge) 及凱根‧保羅 (Kegan Paul) 合寫了
《教師與社會工作者的橋梁》(*Bridge building
between teachers and social workers*)。

雷思麗‧霍迪克已婚並育有兩個孩子。

目錄

前言

安德(Anders)已經開始學發字母"r"這個
音。他某天早晨醒來發現他已經會唸這個音了，這

恰好是在他五歲生日前。他已練習了好久，不過舌頭總是感到又笨又麻，像是打結似的，以前他會儘量找不帶"r"字母的單字發音；現在他再也不用這麼做了。

西格德‧霍(Sigurd Hoel)在他反映十九世紀以來挪威農村的自傳體小說《通向世界末日之路》(*The Road to the World's End*)中，描述了他父親如何展示一把小斧頭給五歲的安德看：

「聽著，安德，我本來預備在你生日時，送給你這把斧頭，但今天你表現得實在太好了，現在就把它送給你。但是仍得小心些，讓安雷(Embret)教你怎麼用它。」

多可愛的東西啊！在你手裡沈甸甸的，陽光照得它閃閃發亮，這是世界上最好的斧頭了呢。

「我們走吧！」母親說，「現在你有一把斧頭

了，幾乎就像是一個大人了喲。」

……

　　他走進樹林，胳膊下挾著斧頭，膝部彎曲，就像安雷那樣。

　　「我就快要成為一個大人了！」他高興得真想跳起來，也想在草地上打幾個滾兒。但是——他卻走得像個大人一樣，慢慢的走向樹林。

　　我們在這段描寫中仍能認出現在的五歲幼童的特點。現在我們也許不會再給一個五歲的孩子一把斧頭作生日禮物，但伐木在西格德・霍的童年時代卻是相當重要的事。你五歲的幼童確是在長大了。我們不妨把斧頭的贈予視為表現五歲生日重要性的象徵，孩子已到達一個里程碑，也許這也表達了五歲幼童自己的某些情感。童年的最初時光現在已在身後，幼兒激烈的情感也已有所

冷卻。五歲幼童會對家庭以外的世界愈來愈有興趣，並日益渴望去熟悉成年人的世界。五至六歲的時期無論對父母或五歲幼童來說都是比較平靜的，很多事情都緩和下來。

發展是漸進的，當然五歲的孩子有時仍會有如風暴般的脾氣，情緒仍會晴時多雲偶陣雨；但大多數的父母往往會鬆口氣安慰自己總算可以平靜片刻，許多父母甚至會發出孩子的五歲宛如已歷經一生的感喟。確實，孩子從出生開始，經過成長以至發展的階段，父母們用心努力的去理解與滿足孩子需求的這種過程是艱辛的，故父母有如此感觸是可以理解的。

但仍要提醒的是你的孩子此刻是一隻腳踏在幼童的世界，另一隻腳正踏在邁向成人的道路上。五到六歲是一個半大不小的階段，父母很容易因

為孩子年齡的增長而忽略了孩子仍舊是軟弱的。五歲幼童需要成人敏銳發現他們的心思而能技巧的對待，因為他們或許自覺成熟了，但他們事實上仍是弱小的，有時某些痛苦的經驗會讓他們意識到這一點。

讓我們再來看看安德的情況：

砍伐木頭和做有用的事感覺有些奇怪，這和以前玩耍和為了躲開困難 "r" 而扭曲單字發音的事情很不一樣呢！他用雙手握著斧柄用全身的氣力劈下去。斧頭卡在裂口上，碎木屑則飛散得遠遠的……

他砍呀砍的，事情已經不像起初那樣美妙了，是不是他用力過猛？還是砍得太久了？他感到累極了。他身體某個地方覺得不太對勁。他知道自己現在應該停止了。

不行，木頭堆還不夠大。它已經蠻大的了，而且他砍得和安雷一樣快，他的木頭堆馬上就要和安雷的一樣大了。但眼下它還不夠大，還得要再多一點，最後它就會是世上最大的木頭堆，安麗(Andrea)、高林(Gorine)和安東(Anton)就會跑過來，驚訝地大叫，還有……

不過他現在還是伸個懶腰、喘口氣較好。

於是，他伸了伸腰。

彷彿是烏雲遮蔽了太陽般，這時整個世界退成了灰色，他尿濕了褲子。……

現在他必須要回家了。他回頭四顧，沒有其他的出路。他看著那堆可憐的小木頭堆，斧頭從他手裡滑落，掉到地上。

他開始走回家。

他以前從未注意從樹林到家究竟有多遠，這

條路好遠呀。這是因為他太小了，他的腿那麼短小；尤其是現在，他的褲子還挺不舒服的。

他緩慢而勉強地走近家門。

到家後他腦子裡只有一個念頭：他是否可能不被發現地溜過有人在那裡吃飯的廚房，悄悄抵達小房間中母親的懷抱！每個人一定都會看著他，誇他聰明，簡直就是大人了！直到尿味提醒人們他還只是個「小不點」。

安麗走到他身邊說：「你既然那麼聰明，你就應該和大人一起吃飯。」她梳了梳他的頭髮。然後懷疑地看了看他。「或許我們應該──」她大笑著。安德掙脫出來，一頭跑進了小房間。

在這個例子中，大人們做得並不夠技巧。這個例子顯示五歲兒童一方面自覺是成人，簡直相信他們就是成人──而同時他們又痛苦地意識到

自己是多麼需要扶持，你五歲的孩子情緒往往起伏不定，有時可能消沈的一蹶不振，甚至感覺到成長是一件苦差事。

五歲幼童自是各不相同，並非每個孩子都有安德的感覺。他嚮往成為大人，就像安雷和父親那樣高大強壯。當他意識到自己仍然幼小時他往往會羞愧不已。他討厭被人提醒不久前他還是包尿布的嬰孩，不過別的孩子可能有另外的情緒。伊娜(Ina)五歲時哭得彷彿心都碎了，她不要變成五歲！她想要永遠四歲，我們不明白她為何這般想法。她大概直覺地認為幼稚園的時光已不可避免的快要結束了，一種痛失樂園的情緒油然而生。幼童有時會痛惜幼年時光的一去不返，在某種程度上他們意識到將來他們不得不更加獨立，同時承擔更多的責任，這些因素往往對許多孩子造成

焦慮。

　　你五歲的孩子也許會在很多方面有別於其他的同齡兒童，但他們總會有共同之處。對於大多數孩子而言，第五個生日或多或少都是一個重要的日子。大多數人會在這段時期第一次換牙。對多數父母而言，這是一樁大事，當然對孩子自身更是如此；它代表著一個時期的結束和另一個新階段的開始。

　　五至六歲期間有大量的工作要展開。他們將要發展新的知識能力，學習新的字彙，瞭解新的世界，同時探索家庭以外更廣闊的世界的奧秘。在過去，五歲的兒童已能夠觀察、參與成人世界並擔當一些責任，但在現代來說已不再可能了。現在大多數的五歲幼童會進入托兒所或者幼稚園，他們的朋友和團體而今變得越來越為重要。我們將

要省察五至六歲這段時期的主要特徵，五歲兒童到底是什麼樣的？他們是怎麼遊戲的？他們又是怎樣看待周遭的世界？

第一章

遊戲中的五歲幼童

　　幼稚園裡有個小女孩說過任何事情都是在「遊戲」。對五歲的孩子而言，工作就是遊戲，遊戲也就是工作，正如我們前面提到安德在工作時玩著他的小斧頭一樣。的確，在這個年齡可以說「人類是一種會遊戲的動物」；在此年紀，遊戲是一種生存方式。即使是在惡劣的環境下，例如貧民窟或難民營，都可以看到孩子們在遊戲玩耍。對他們來說，這是必需的事情，甚至是生死問題。

他們會和他們當時認為最重要的東西
和腦裡最先出現的想法遊戲，而且在尋找
如何表達他們的熱衷之情的創意方式。角
色扮演的遊戲在這個年紀達到頂點，他們
玩耍的情節來自於他們的日常生活或聽過
的故事以及童話世界。他們可能生過病，
所以他們會把自己扮演成醫生為玩具娃娃
打針；他們會模仿父母、扮演父母和嬰孩
的角色；他們上街購物、做可口的食物甚
至調配有毒、令人倒胃的食物。五歲的幼
童已能明顯的區別現實生活和想像的世
界，他們勇於實驗更多的東西，以及更自
由的發揮他們的想像力。

孩子為何需要遊戲？

　　孩子為何要遊戲？當然，他們遊戲是因為有趣，
但也有可能有其嚴肅的一面。佛洛依德(Freud)是第一

個表示孩子遊戲是為了克制他們的情感的人。他觀察

他一歲半的孫子是怎麼用玩具玩「消失」的遊戲：當

母親讓他獨處數個小時的時候，他經常會玩著一頭繞

了線的木線軸。他捏著線軸的線頭反覆地把線軸扔到

裝有床蓋的嬰兒床外，使它一會消失一會又重新出現。

許多父母也看過自己的小孩玩類似的遊戲，一遍遍的

把東西丟開再揀回來，這有時看得父母大為惱火。其

實我們可以把這種反覆的遊戲解釋為孩子想掌握與控

制有關情感分離的一種方式。父母若以此種角度來理解孩子的這種遊戲，不僅易懂而且也會給予孩子富有建設性的助力。

反覆玩著人（或物品）消失與出現的遊戲，對年齡再大一點的小孩也是一件有趣的事。五歲的蘇珊(Susan)在上托兒所，她剛剛畫了一幅畫，並大聲的對自己解釋「這是公主和王子在他們的雙層床上」；接著，她停止畫圖了，蘇珊用圖畫紙包起一枝蠟筆並捲成圓筒狀直到看不見它，然後再把紙卷倒立「倒出」那枝蠟筆；她半懷疑半開心的看著蠟筆從紙卷裡露出來，並沈浸在這活動裡很長的時間，它彷彿就是個魔術。過一會兒，她問同桌的一些三、四歲的孩子想不想讓她把他們的蠟筆也包起來？她高興的說著，似乎是對那些小孩提出挑戰，彷彿她明白這會有點令人害怕。其他的小孩堅定的搖頭，對這個主意顯得十分驚

恐。就一個幼童而言，這樣的戲法足以讓他相信東西是可以從現實中消失的。身為這場戲法的導演，五歲的蘇珊當然知道這不過是個把戲，但我們仍看的出來她本人對這遊戲覺得新鮮又好玩。

　　我們怎麼去理解這樣的遊戲呢？或許蘇珊是在實驗這種「看不見的東西依然存在」的想法。當你看不到人們時，他們還存在嗎？這也許還會讓她想起以前和母親玩過「躲貓貓」的遊戲。這些遊戲相當普遍，孩子都愛玩它們，母親的回應可讓他們表現對事物反覆探索的興趣。蘇珊此刻在玩她自己的躲貓貓遊戲，她用腦袋在思考，力圖弄清其中的意義。她對這遊戲的濃厚興趣也反映出了這玩法是發生內心與身外世界的交界地帶，界於想像與真實之間，五歲的幼童正忙於探索想像與真實世界的差別。

什麼是現實？什麼是幻想？

　　任何觀察五歲孩童遊戲的人都會發現孩子在玩耍中是如此的投入和享受，儘管有些遊戲在這年齡玩起來會令人心生憂慮。五歲幼童玩耍時，仍需要一位可信賴的大人隨其左右，以便在事情變得令人害怕或情緒失控時可以掌握與應變。一場捉迷藏的遊戲有時也會讓小孩感覺太真實，「要是他們找不到了怎麼辦？要是他們失蹤了怎麼辦？」等等的懷疑都會出現在孩子的腦海裡。

　　一個十四歲的女孩回憶往事時，她母親記起了女兒小時候玩過的遊戲：她正等著爸爸下班，當她聽到

父親的汽車開近時，她跑到走廊對母親說：「告訴親愛的爸爸，我已經死了。」 這母親不太記得女兒說「死了」，倒好像說的是「不見了」；不管如何，她仍記得女兒當時是多麼的激動與興奮，這或許就是她何以能記得女兒這段插曲的原因。女兒記得的是當時很希望爸爸得知自己死了後會很悲傷，她當時大概認為：「我可以離開你，正如你可以離開我一樣」。這個例子說明了捉迷藏遊戲中的「不見了、消失了」，和現實中的永久消失──死亡是多麼密切的相關。在五歲的兒童心裡，想像和現實永遠都不會相距太遠。

一個魔幻世界

　　五歲的幼童是同時生活在想像和真實的世界之

中，他們能在兩者之間快速而自在的進出。他們一方面表現得循規蹈矩，穿衣、吃飯、如廁和說話；另一方面他們又生活在一個幻想的世界裡：在這裡，事物都是活的，無生命的物體就像有生命的一樣真實，他們往往可以擬人化的使這些東西復活。

　　五歲半的諾拉(Nora)此刻單獨在幼稚園的活動房裡玩耍。這是個清晨，只有一些小朋友到達，她用空木盒搭了個平臺，一邊做一邊自言自語，顯然她此刻是沈浸在自己的世界裡。成功的做完平臺之後，諾拉開始哼哼唱唱，玩著「嘴唇音樂」；她把一隻裝有鈴鐺的小橡皮球貼在耳邊搖晃，用心聽著，「我發出音樂了，」她洋洋得意的說著。隨後她讓橡皮球從手裡滑落，球掉到地上滾進沙發底下，「你這個頑皮的球球，」她這麼說著，並且把它掏出來使勁的放在音樂架上，嚴厲的責備它：「你給我站好！」過了一會兒，諾拉把球

貼在嘴唇上，對著一個色彩較特別的地方充當是橡皮球的耳朵，繼續責罵。這裡我們看到一個五歲幼童對待她的橡皮球就好像是對待一個不肯合作的夥伴一樣。或許她在扮演一位不聽話的孩子的母親，她顯然也高興處於領導的地位並努力體會駕馭事務的感覺。她正盡情的體驗五歲幼童都會有的想法，例如是誰在控制以及操縱一切的感覺又是如何；一個五歲的幼童漸漸變得日益自信，相對的，他們也想在這過程中擁有更多凌駕他人之上的權力，並期望控制自己的情緒。

　　在現實與想像之間的轉換有時會突如其來，使五歲的幼童猝不及防。諾拉和六歲的艾蜜莉(Emily)在室外玩著鞦韆，此時正值夏天，陽光非常熾熱，她們快活的聊著天，突然間諾拉發抖的說：「好奇怪吔，我們竟在半夜裡的戶外玩。」艾蜜莉不解的看著諾拉，理性的解釋說：「這只不過是太陽消失在烏雲背後而已！」

天空的驟然黑暗對五歲的諾拉而言是有點恐懼的，這一瞬間一種更原始的想像就會跳出來，而年長一歲的艾蜜莉對現實的把握就清楚多了。

　　《阿伯特和雅各布三部曲》(*Albert and Jacob*)的作者，科拉‧山得(Cora Sandel)在1945年出版的《我所知道的動物》一書中，讓我們有機會一瞥她自己的童年生活。她小時候被一群好心腸、衣著潔淨和多愁善感的女士，如祖母、媽媽和姑媽們包圍著。她們都害怕體型大的動物，特別是馬，這對孩童時代的科拉‧山得是個嚴重的發展阻礙。她不像別的女孩一樣喜歡洋娃娃，她羨慕爸爸和叔叔們那種豪放自由的生活，他們甚至還可以馳騁在馬背上呢！科拉描繪了她多麼喜歡她的搖搖馬：它叫做追雷(Sleipner)，是個身上披著小牛皮的可愛傢伙，長長的睫毛下有一雙和善的褐色玻璃眼睛，以及火紅色的鼻孔。它代表了科拉

渴望卻不能如願擁有的真馬，晚上它就站在她的小床邊，但更重要的是她還有一匹馬，一匹在她心靈深處的馬。

「我童年時最鍾愛、一玩再玩的遊戲就是假裝自己是一匹馬。我一會兒疾馳一會兒縱跳，也會按遊戲的需要到處蹓躂。我是一匹很出色的馬，只有在上坡時才稍放慢腳步；我也是個和藹明智的教練，長途跋涉從不會使我沮喪，相反地，倒會讓我勇氣百倍。我

從頭到腳表現著生龍活虎，我能自得其樂的遵循自己不動聲色的約定，只是偶爾會去頂一頂蠻牛，因為這也是一匹好馬該盡的義務。」

「那匹馬到處跟隨著我，即使是我離開家；追雷卻不同，它不得不待在家裡。不論我何時何地需要那匹馬，它總是蓄勢待發的模樣。」

既當馬又當騎士一定大大滿足了科拉永遠伴隨馬兒、餵食馬兒，在馬背上舞蹈的夢想；此例可看出五歲的幼童有著想要駕馭事物，把自己變得重要和做大人所做的事的強烈欲求。

誰最大？

我們前面所提過的五歲半的諾拉有一次和別的女

孩在活動室裡玩，這群孩子中一個接近五歲，其餘兩個六歲。她們把一個軟球彼此踢來踢去，但很快地她們就不玩踢足球了，因為大家沒法達成一致的規則。於是她們坐在地板上圍成一圈，兩腳分開，互相把球傳來傳去。「這是小毛頭玩的呢」，諾拉說著。在隨後的對話中，我們能清楚知道諾拉對年齡差異非常敏感：「我比蘇珊大！」（兩個人住同一區）「蘇珊和我在這裡是最小的（指四個女孩當中）。」後來，蘇珊抱怨她

嘴裡長了一個疱，諾拉隨即宣布她有一顆牙鬆了，而這可比長疱嚴重多了；她又以自己特有的介詞表達法補充說：「我每天都在長大呢!」

　　五歲孩童會非常關注他們的成長並愛做比較。他們會拿自己與年幼的孩子比較，他們也會和大一些的孩子互相比較。在這個年齡，這可是很要緊的事嘛，如「誰比較大誰比較小?」「嬰兒能做什麼?」「長大些的感覺是什麼?」「在同齡的人中他們自身的地位如何?自己是最小的，還是最大的?」等問題。他們常常很在乎自己有多大年紀，如果某人把他們說成「五歲」，他們會抗議並糾正為「五歲半」，有些小孩甚至堅持他們也有半歲的生日。與其說這是小孩對生日禮物的貪欲，倒不如把它理解成是五歲孩子想強調自己長了半歲和以前的不同。

　　孩子在體能增長的同時，也不斷的增強自信心。

五歲的孩童喜愛爬上爬下，跑跑跳跳，手舞足蹈和單腿站立。他們愛保持平衡又愛攀爬。大多數此階段的孩子對身體有良好的控制能力，總迫不及待地想露一手；他們需要用自己的身體和四肢去發展協調能力並且樂此不疲。他們有意從事更難的冒險去尋求更大的刺激，像是攀登更高的樹枝，在高籬笆和圍牆上保持平衡等。他們處在高處的愉悅可以理解為他們渴望成為大人，而藉此方式達到成人的高度、不平，或甚至比成人更高更壯。

諾拉和艾蜜莉在操場上玩鞦韆，她們倆把自己站得高高的，而兩人個頭的高低卻很明顯；諾拉敏感的說：「你最高了。」艾蜜莉的頭要碰到鞦韆懸繩部位的橫木，她幾乎得把腦袋低下去才可以。一會後，艾蜜莉進屋去了，諾拉就改變了玩法；她捲起鎖鍊縮短鞦韆的長度，使它離地面更高，這回她爬上鞦韆時就發

現自己和艾蜜莉一樣「高」了。諾拉抬頭看看四周說：
「蘋果樹還是比較高」，於是她爬下鞦韆，開始爬樹。
等她爬到頂端，從高處俯瞰下面的孩子和大人時，臉
上綻開著滿足的微笑。

有些五歲的小孩對大型的動物特別著迷，如恐龍
的畫冊往往大受歡迎。幼稚園圖書館這類的書籍總會
讓孩童們百看不厭，玩具恐龍和時下可以買到的複製
模型都會成為風行的玩具（尤其是男孩子）。孩子們講
的出這些滅絕動物難記的拉丁學名，永不疲倦的玩著
它們，甚至為之神魂顛倒，以致父母有時會擔憂他們
是不是陷入太深。下面舉例說明孩子專注這些動物的
強烈興趣：

幼稚園的藏書角落有三個男孩正並肩坐著，每人
手上各捧著一本恐龍的圖畫書。他們彼此比較著恐龍
的細節，爭論哪個最大、哪個最小？誰最凶猛、最強

壯？哪個有鳥嘴？哪個是素食者？誰能在搏鬥中獲勝等的問題。後來他們用恐龍玩了一個遊戲，這場不同恐龍競爭的戰爭場面慘烈血腥，他們咆哮、吼叫！像這類的遊戲可能反映了他們自己對「大」和「小」的關注：誰是最強大的？誰是最有力的？誰能做城堡的國王？小孩藉這安全的方法來表達他們的想像，發洩他們的焦慮、侵略敵對和想凌駕世界之上的情緒；這些情緒即使在遊戲裡也是會壓倒一切的。他們想瞭解自己有多大的力量以及撒野動怒的能力。幼稚園老師會對孩子特別注意並且把遊戲規則訂定在安全的範圍內；如果遊戲變得可怕，甚至激烈得像真的，老師就會進場干預，甚至建議改換另一個遊戲或活動方式。

與動物共舞

　　孩子從很小的時候就愛玩動物玩具。許多父母會把一隻適合擁抱的玩具熊或類似的東西,放在小寶貝的床邊去安撫孩子,孩子會和這柔軟的玩具十分親密。

當他們長大些後會喜愛擁抱和撫摸它們，這在某種意義上代表了媽媽存在和被她看護、撫摸及擁抱所帶來的安全感。五歲的幼童常會收集一大堆柔軟的玩具並把它們帶到床上，有一位幼童就習慣在晚上時把所有玩具放到床上數一遍，彷彿清點一個大家庭的人口般；有一次她一算，竟有二十個之多！

廣受歡迎的「森林之家」是一套的森林小動物：每個動物家庭都有爸爸媽媽和兩個小孩，它們和真人一樣穿著衣服，但它們的高度卻非常非常的迷你而且衣服下的皮膚摸上去柔軟光滑。這常令許多五歲的幼童愛不釋手，可以連著幾小時玩下去。當然，他們也喜歡真的動物，喜歡觀察動物，愛看和動物有關的圖片和故事，他們也想和寵物一起玩耍。

孩子們還會夢到動物，他們時常在夢中受到老虎、狼以及獅子的追趕。孩子的夢和他們的遊戲非常相像，

都是表達他們經歷的方法。當他們夢到野獸時多半反映了他們對侵略性的情緒及幻想的焦慮，就像我們剛才提過那三個玩恐龍大戰的男孩。

我們該如何來解釋孩子對動物的迷戀呢？為何動物對他們的聯想力如此具有吸引力？原因之一也許是孩子們的世界在某些地方和動物有相似之處：動物不具備有聲語言，牠們吃、活動和睡覺和小孩沒有多大分別，無論是真實的動物或故事書上的動物都可讓小孩看出一些自己的影子；原因之二可能是動物激發情感的能力。孩子從不同的動物身上看到自己某些情感的影子，換言之，孩子把自己的情感寄託在各種動物的身上。

動物的個性似乎都非常鮮明。一隻貓很可能被看作是優美而神秘的動物，有首古老的兒歌就說了：「貓兒貓兒哪兒去了？我去倫敦見女皇……」，就顯然表

現了一種神秘的情感。鱷魚是凶暴的，牠的尖牙能一口吃掉你；蛇是有毒的，牠既令人厭惡同時也令人著迷；恐龍和大象高大威猛，狐狸狡猾，兔子敏捷，長頸鹿形單影隻，瓢蟲背上的斑點告訴你牠的年齡，蜘蛛對人有益，鳥可以隨時振翅飛翔。像「維尼波」(Winnie-the-Pooh) 這類型的卡通熊大多時間儘想著食物，牠還是個詩人呢：

大家為了熊而唱吧！

大家為了波而唱吧！

再過兩個鐘頭我又該弄點吃的囉！

比奇小豬幼小又膽小；跳跳虎無法無天愛冒險；小袋鼠調皮和貪玩；貓頭鷹說話像大人，艱深又難懂；可憐的屹爾驢總是悶悶不樂躲在森林的角落裡。A. A. 米爾(A. A. Milne)筆下的克里斯多夫‧羅賓(Christopher Rubin) 和他的動物夥伴都等著和五歲的孩子做朋友

呢！

共同遊戲

　　五歲的小孩仍處於學習如何和別人合作玩耍的階段。孩子社交性的玩耍能力在這時開始得到培養，並在今後幾年逐漸發展。下面的遊戲也許能說明五歲幼

童有時會彼此創造一種共同分享的想像來，我們會看到孩子學習共同玩耍，彼此真正的給予和拿取的社會化行為。

馬丁(Martin)五歲半，以撒(Isac)則五歲，他們正在幼稚園裡一塊玩。他們把能找到的所有柔軟動物通通搬到房間裡，使它看來像是個動物園。開始時他們嘗試了許多可能的故事：一頭麋鹿放了屁，於是被放到櫥子的頂端做為「頑皮」的處罰；一頭熊寶寶蓋著絨毛墊子尖叫的吵著要媽媽：「我要喝奶！」但他們不知道怎麼讓故事繼續。對五歲的幼童來說，彼此接受建議和主意，玩一場合作性的遊戲是相當困難的事。不過後來馬丁和以撒找到了一條他們都能遵循的規則，兩隻小貓出現在故事裡，兩個男孩為牠們做了很不錯的小洞來睡覺，也邀請熊寶寶睡到那兒；「這樣我們就不會踩到牠身上，」他們說著。如此就觸發了一個新的主

意，兩個男孩假裝都睡覺，因為「小貓要求他們這樣做」，從那時起小貓就成了遊戲的主角。醒來後，小貓馬丁對小貓以撒說：「你比我大。」兩個人就開始打打鬧鬧，一隻鸚鵡被安排當啦啦隊長，但不久又要充當小貓馬丁敵手的角色；馬丁導演這場戲，以撒也心甘情願的聽從安排，當起了鸚鵡的角色，馬丁還會說：「你不可以用嘴巴啄人，不然我會流血！」沒一會遊戲又變了，他們又爭論誰飛得最高？是鸚鵡還是帶了飛球的小貓？於是遊戲不斷的改換方向玩下去。兩個男孩開始都有點害羞，但很快地遊戲本身就吸引了他們全部的注意力。

　　一隻母貓被介紹出來照料小貓。小貓喝奶喝了好長一段時間，然後母貓給牠換了尿布，這又引發了一場談判；小貓不用什麼尿布的呀！這回換以撒建議用「貓尿布」，問題就如此解決了。小貓從母貓身上喝了

好多奶水，「長得又胖又壯」，兩個男孩這麼評論著，那可憐的母親則被說為：「母親愈變愈瘦了。」最後小貓長大了，變成一個男學童，牠說：「我要去上學了。」母貓給牠一個書包，小心地放到小貓背上，遊戲就這樣結束了。

這個遊戲告訴我們，這兩個男孩建立的不只是他們的力量和陽剛味，他們也能在遊戲中表現溫柔體貼；顯然馬丁和以撒在遊戲中表現了父親和母親的性格，他們關懷一隻小貓從出生、整個保育期一直到送牠上學。兩個男孩都能把自己放到母貓和小貓的位置，他們能認同富有愛心、能無微不至照顧小貓的母親，也能認同幼弱無助、需要關懷的小貓；在遊戲裡，他們體會做母親的滋味，(或許他們將來會是個富愛心的父親)，以及做小孩的感覺。小孩的貪婪使母親愈來愈瘦，他們自己不久前也經歷過類似的寶寶角色，也許他們還

記得那時的感受，以及記得體貼、慷慨無私的母親形象？五歲的孩童仍和早期的童年時光密切的相連著，這一點馬丁和以撒在上述的例子已清楚的表現出來。

要記住無論是男孩或女孩，儘管他們首先都會認同和自己相同性別的家長，但是他們還會認同另一位家長；這會令他們更深刻的理解異性並且在他們的成長過程中對兩性有個更為彈性的態度。

在遊戲中，孩子會和他們認為重要的想法玩耍，他們為探索內心世界與外在世界而玩，他們為了學習控制情感而玩。他們也藉玩耍來學習如何與人共處，他們體驗成為別人的感受，也開始學習如何享受給予和獲得。五歲孩童的遊戲能告訴我們很多訊息：他們的興趣、想法和發展。父母、教師或任何對此年齡的孩童有興趣的人，都能從觀察他們的遊戲世界中獲得許多認識和瞭解。

第二章

五歲幼童及其更廣闊的世界

幼稚園的世界

　　五歲的幼童在幼稚園裡會有一個更開展性的創造活動空間，也會有更多的機會進行想像的遊戲。我們在前章說過的馬丁和以撒因有幼稚園場景的支持和鼓勵，所以才會那樣的遊戲著。每天早晨，幼稚園老師都會問候他們，他們也慢慢的彼此熟識並且彼此信任。這位教師會向他們預告一天的飲食和活動安排，他們知道一旦有需要，這位教師會走到身邊，隨時提供幫助。他們是一個彼此瞭解的團體，能夠在一個可靠、安全的地方遊戲，在那裡他們可以相互認識並且一起學習與成長。

　　成為群體中的一員也意味著要結識不同的孩子和大人。這在促進五歲幼兒對家庭以外的廣闊世界的認識上是很有幫助的。

宗教與文化的差異

　　隨著五歲幼童和外在世界越來越密切的接觸，他們不可避免地會遇到不同的觀點和信仰，特別是在一個文化和宗教日益多元化的社會裡。這就需要我們隨時注意並且小心處理。如果你是一位移民的家長，幼稚園也許會是你和你的孩子在新的國家裡第一個親密交往的對象。

　　例如聖誕來臨期間的慶賀日子裡，在幼稚園裡的猶太或者回教孩童怎麼辦？當他們回家時如果開始唱

起聽來的聖誕頌歌將如何處理？他們怎樣看待自己得要吃不同於大多數孩子的食物這件事？這種情況無可避免地會突顯人們之間的偏見比較以及敵對的情緒。

許多幼稚園努力的運用這種環境向孩子們介紹現存的不同種族及宗教，鼓勵他們相互交流不同的信仰及習俗。比方說，有時少數民族孩子的父母會被邀請來表演烹調具有民族風味的傳統菜餚，並推薦一些外國文化的幼兒書籍。

作為父母該如何給予協助呢？如果你來自一個少數民族，你多半會想儘可能地保留自己的文化特性，並把它傳教於你的孩子；但孩子同時還會受到所居住國的文化影響，需要你幫助他們將多種文化加以調適與融合。如果你能對他們擁有的新體驗保持興趣，和他們共同分享，這對他們而言是莫大的幫助。如果他們感到你能適應兩種文化，他們就不至於因為對新環境

感到興趣而覺得背叛了你或自己的文化。

不管是否來自少數民族，所有的父母都同樣可以幫助他們的孩子去接受和欣賞不同的文化及宗教的差異。方法就是分享孩子的體驗，藉此或可讓自己多一份瞭解與認識。

規則的需要

任何一位細心觀察五歲幼童的人都會很快注意到孩子自己表達出制定規則的願望。一旦任何孩子偏離了一個已知的常規，比如當他們早晨到來時，把鞋子放錯了地方，團體中的一位或多位就會有點著急地糾正出錯者。用一位有經驗的學前教育老師的話來說，「如果我們不給他們規則，他們將會要求規則。」同時

遊戲中規則的意義越來越能得到孩子的接受與欣賞，隨之而來的是在遊戲中挫折的容受閾也提高了。提供孩子玩各種遊戲的機會是一種幫助該年齡的孩子除技能的開發外，還有在團隊中才能起作用的情意能力。看來，在謹慎制定的規則範圍內運作會提供孩子一個可靠的框架，好去處理新的未知環境。

　　每個孩子要把自己包圍在多大程度上的規則之內，要依據他們個別性格而有所不同。某些孩子身上的這種因素會成為他們極為明顯的行為特徵，特別是處於新的陌生環境中。五歲的強納生(Jonathan)隨家人剛從外地搬來，強納生新的幼稚園教師談到強納生最愛問的問題是「我可以……嗎?」強納生應付他在陌生環境中遭遇到焦慮的辦法就是尋找「規則」來使自己安全。別的小孩沒有強納生那麼多的憂慮，因此多半不會想要一整套的規則來限定他們自己的行為。

　　另一方面，還有一些孩子尚未建立充分的認同意識來樹立他們堅持規則的想法。他們仍然停留在需要父母式的人物來替他們決定一切界限的階段。這類孩子不斷需要人們告訴並提醒他們有關規則的事，他們自己「記」不住也不會去遵守它們。

　　規則提供了一個框架使人置身其中感到安全。同樣的，按照仔細制定的計劃而進行的工作或完成一項任務，也能提供一個有建設性的框架。下面的例子就做了很好的說明：

幼稚園裡有四個孩子在玩耍，他們在玩搭建彩色塔的遊戲。每個孩子輪流擲骰子，骰子每一面的顏色不同。每個孩子面前有一張紙片，上面是塔完成後的圖樣，如果擲出的骰子顏色與圖樣上的相符，這個孩子就可以把該顏色的彩珠加到他的塔上。參加遊戲的有兩個女孩，瑪麗(Mary)和蘇珊(Susan)，還有兩個男孩，史提夫(Stephen)和羅傑(Roger)。起初大家進展得很慢，羅傑是孩子們中最年長的，他指揮別人每步怎麼走。兩個女孩子都聽他指揮，史提夫一開始也是如此。後來，居於老大地位的羅傑並無多大的成就，他就開始作弊，把骰子翻轉到他想要的顏色。沒有人識破這種把戲，反倒是史提夫合法地搭了很多。這使羅傑更加的破壞規則，他現在開始搶先。史提夫抗議說這次該輪到瑪麗。他原先的消極姿態不見了，在他的堅持下，瑪麗輪到了機會。接下來該輪到等得迫不及

待的史提夫，他又一次成功地把一顆彩珠加到他的塔上。史提夫對自己成功而產生的喜悅是很明顯的，他忘記了羅傑現在已喜氣洋洋地宣布他贏了的消息，他心中更在乎的是正確地搭成他的塔，而不怎麼在意是哪個孩子先完成。他並沒有表現出任何期望別的孩子承認他的成功的臉色。但對於自己搭成了符合圖樣的塔，他的確淋漓盡致地表現了極大的個人滿足感。

另外一個例子則不相同，說的是伊麗莎白 (Elisabeth) 在聖誕前在幼稚園表演的一齣戲中的表現。她擔任一個重要角色，她扮演聖誕樹上的一位仙女，她對演好這個角色自信十足。在演出一半時，聖誕老人出現在舞臺上；突然間伊麗莎白停止仙女的演出，往前走去並大聲斥責違反規定的孩子:「你還不應該上來呀!」顯然的，只要能正確的奉守表演的正確規則，她會執行所有表演該有的要求。

社會化行為

　　許多人認為在同儕間結交朋友的能力是很重要
的。這種能力使我們在家庭以外的社區裡變成一個大
網路的一分子，這也使父母親試著去結交一些也有同
齡孩子的朋友，以確保自己的孩子能有朋友。這年齡
的友誼是相當短暫的，然而，我們可以看到幼稚園裡
有些五歲的孩子擁有一個或許是和自己不同性別的密
友，這種情誼有時可以維持很長的一段時間。

　　這年齡的男孩女孩會在一塊玩，這和他們長大幾
年後男孩女孩分開，各自玩耍的情況不同。很多男女
孩因性別差異所引發的焦慮問題都曾被提過或寫過，這

些生理差異的事實存在是由於被兩性差別的偏見而造成的社會刻板印象嗎?這個問題並非本書討論的目的,我們只是指出男孩和女孩在行為上確實有其觀察到的差異,交友行為僅為其中之一。女孩傾向擁有一、兩位朋友,而男孩樂於隨意地和更多的人打交道。五歲兒童還未能建立足夠的談判和妥協的能力去建立牢固的友誼,而這兩者正是人際之間相互平等關係的必要因素。所以聽到五歲的小女孩大聲告訴她昔日朋友說,她不再是她的朋友了,是件很平常的事;這很可能是由於毫無妥協餘地的爭執所造成的結果,不過這種爭執是暫時的,友情在很短的時間內便會恢復。在同樣的情況下,該年齡的男孩子或許會訴諸武力,也可能暫時另覓玩伴。女孩有個特點,就是她們比男孩子更在乎成年人的意見和認可。女孩一般都想肯定自己被人接受的需要,但大多數男孩並不那麼在乎。

在人生所有的階段，競爭是司空見慣的事情，但對於男孩和女孩而言，最激烈之處有所不同。我們會聽到女孩斷言自己的母親或父親在某個地方比她們同輩的人要高明許多。而男孩子往往是相互敵對，尤其是在體力、體型或體能上。所以聽到男孩們比誰跑得快，比誰個頭高或者誰能在攀登架上表演最難的技巧並沒什麼稀奇的。我們有必要在此提醒一點，儘管男孩和女孩之間的這些差異一般是顯而易見的，但總會有例外，因為每一個幼童就像成年人一樣是獨一無二的。

五歲幼童的遊戲

五歲的幼童還沒到達將遊戲規則固定化的階段，

比如足球或「追逐」遊戲。他們參與這類集體遊戲的
能力要稍晚才會具備。相反的，他們會選擇有關角色
扮演的遊戲，很多是從最新流行的電視節目而來，比
如蝙蝠俠、超人、忍者龜等等；這些節目都有一些易
於被孩子模仿的對象。另一些遊戲則有些不同，如「媽
媽們和爸爸們」或者「學校」。這些遊戲反映了一個幼
童對人與人之關係的認知，這是孩童成長的必經階段，
他們試圖探索在不同的背景下與人交往的方法，為此

他們需要學習捐棄個人的某些慾望，以便和他人的想法達成共識，最後分享參與團體活動的樂趣。

這個年齡的幼童仍在發展他們的動作技能，並對體育活動大為著迷，正如我們前面所述。幼稚園以及大多數公用操場提供他們機會充分發揮他多樣化的運動技巧。他們玩耍方式變得多元，包括從激烈的體能運動到前面提過的幻想遊戲。

女孩子開始對要求更細膩運動技巧的遊戲感到興趣，比如跳躍和球類運動。與之相伴的是代代相傳的韻律詩遊戲。無疑的，父母們都還記得自己在童年階段最心愛的詩歌童謠。此外，女孩子比男孩子更喜歡歌唱遊戲，這些遊戲縱然有些許的變動，但卻是世代流傳，有的也只是一些地區性的差異罷了。

這裡有個例子，有個遊戲是要求一個孩子扮演鱷魚先生，別的孩子稍微站開些，大家面對著鱷魚先生

唱著或唸著:

「鱷魚先生求求你

能不能放我們過河，去看你醜陋的女兒

漂在水面上像隻茶杯和碟子?」

鱷魚先生答道:「只要你穿紅衣服（他可以決定任何的顏色）。」符合條件的孩子們就跑向一個事先約定的「窩」，鱷魚先生要拼命去逮他們，被抓住的人就成了鱷魚先生。

在幼稚園操場上總會有幾位成年人在場，幼童的人數也有所限制。然而，對一位幼童來說，面對操場上一大群孩子，他會顯得膽小。在這種情況下，前面提到過的明確規則或固定的程序都幾乎不能使這些孩童感到安全。有些幼童的應對方法是靠近某個成年人。有兄長和姐姐的幼童就會和他們一起玩耍，雖然這多少有些幫助，但是大哥哥、大姐姐有時會感到一種被

迫照顧小弟弟、小妹妹的責任，無疑的對他們而言這也是個天大的負擔。

同儕團體的發現

大多數五歲的幼童，此時會覺得幼稚園的生活已很熟悉了。他們當中的許多人會有很長一個時期要在那兒度過一天的大部分時間。他們的夥伴及團體會變得越來越為重要，也就從現在開始，他們發現身為同儕團體一員的喜悅。其中一個表現可由孩子學說打油詩並熱心地告知父母，但父母可能並不怎麼熱衷的例子看出！

一天當珍(Jane)回家時，興沖沖地背誦著：

「啊哈！我丟了我的胸罩，

　　我留了我的短褲，

　　在男朋友的汽車裡！」

　　她母親簡直有點難以置信。這就是屬於珍世界的
某種東西——那是她同儕團體的世界，而非從成人世
界裡衍生而來的。歌謠表明對自己可能的獨立已有所
察覺，並為此感到歡欣，也有部分原因是想嚇一嚇父
母們，以及體會從同儕團體中得來的一種新「權威」
的力量。

　　這年齡的小孩對同儕團體開始顯得越來越關心與
感興趣，這可能也顯示出孩子從小迄今所接受家庭「規
則」的一種挑戰。這樣父母就得面對子女提出晚些就
寢的要求，理由是別的孩子都可以這麼做，或者讓父
母相信給他某件別的孩子也擁有的衣服是絕對必需
的。

　　孩子也開始留意不同的說話方式。他們聽到其他

孩子使用一個像自己從未用過的詞語「沒有是」的時候，就會被它吸引，並開始重複個沒完。你一定會發現你的孩子在這段時間使用好多「在……裡」的詞語。

對同儕團體日益增加的興趣給背景迥異的幼童彼此互相瞭解的機會，幼稚園教師發覺這年齡的幼童幾乎沒有任何種族主義的跡象。

第三章

智力的發展

幼稚園生活的一個重要部分是給五歲的孩童去學習新技藝、發展思維能力以及尋找表達創造力的機會。五歲兒童在幼稚園裡培養的創造力、進取心以及合作的精神將來會在社交、情感以及智力上使他們受益匪淺。你的孩子隔年很可能要上學了，一些父母也許已開始替孩子為這重要的事件做好心理準備，也許已考慮到學校生活會帶給孩子什麼影響。

哪些因素會影響孩子的智力發展呢？這牽涉到幾個重要因素，首先是天賦。人們普遍相信新生兒出生時從他們父母那裡遺傳下來的資質就頗為不同，但也有人不同意這種看法，他們認為智力程度全由外界環境造成。要對此作出十分科學的討論並非易事，因為兩方面的因素無可避免地會彼此相互作用，要把它們單獨分出並不容易。有人曾經做這種嘗試，研究經由不同父母帶大的同卵雙胞胎，但這些研究得出的數據

無法讓人信服。事實上，許多學前和學校教師的經驗都表明幼兒學習能力彼此互有差異，重要的是要認識這些個別差異，以便讓幼童按自己的能力去做學習。

　　大多數幼兒這時對周遭的事物充滿好奇，這對他們的學習極有幫助，因為他們不僅需要某些能力，他們還需要有「想要」發現這些能力的企圖心。父母多半經歷過孩子們的百般問題轟炸如「為什麼?」「是什麼?」「什麼時候?」等問題，五歲的幼童無疑的也由此學到了大量的東西。在幼稚園裡培養這種打破沙鍋問到底的精神，往往會成為孩子日後學習的基礎。

讀和寫

　　父母親在某種程度上對自己的孩子所抱的希望多

少反映在他們自己個人的經歷上。或許你自己很小就開始讀和寫，因此希望孩子也像你一樣；可能是你的學習起步很晚，而碰過學習障礙或是在某些方面有些麻煩，因此期望孩子的情況會與自己不同；更或許是你認為實際能力是最為重要的。但無論如何，父母都希望五歲的孩子對書本的興趣能一直保持下去。在我們的文化中，學會讀與寫是很基本的技能，隨著就學時期的臨近，父母很自然地會擔心孩子屆時能否適應。

但最好切記幼童的成長步調是很不相同的，很少孩子會希望在踏上學習閱讀之路時能等一等，所以這應不會是任何五歲幼童的父母煩惱的根源。

　　不少五歲的幼童早就開始嘗試寫自己的名字。他們的名字當然重要，這多少代表了他們的身分。從此他們當中許多人會對寫字發生興趣，如寫自己的名字，還有朋友及兄弟姐妹的名字。我們常可看到他們由右往左書寫，當然，他們會寫得千奇百怪逗人發笑，如漏掉字母、顛倒的，彷彿是從鏡子裡看到的，或用五花八門的方法七拼八湊。這些現象都是正常的，甚至也可能在以後的幾年繼續下去，但它遲早會消失。對於學前兒童，寫字是件好玩的事，我們當然也得依此對待。他們大多數已開始能辨認自己的「字母」，一般來說，閱讀的學習也會展開。這個過程的第一步是和文字玩耍，多數五歲的幼童喜愛「閱讀」是因為他們

最喜歡看書上的圖畫。

　　幼童讀物裡的插圖比例總是大大高於文字。這無疑有助於兒童輕易地理解內容，而且從內容或圖畫上來猜出一個詞的意思，這也是學習新詞彙的一種途徑；因此初階段的「讀物」藉著插圖會比別的辦法更能使孩子們感到故事的趣味性。

　　培養幼童為了樂趣和知識而做的閱讀興趣是很重要的。學前教師會考慮不同的口味，以便幼童按其所好選擇他想要的書去「閱讀」，正如我們前一章所言，恐龍一類的書籍就大受一些孩子的青睞。

　　對幼童大聲的誦讀也很重要，這個辦法能使五歲幼童對書本的興趣油然而生。這是成年人培養孩子對書本發生興趣所能做的最佳方式。孩子都喜歡這麼做，即使在多年以後他們已能自己閱讀了，仍然喜歡父母這麼做。既然絕大部分的五歲幼童都進幼稚園，比起

特權階層的孩子來，有更多的幼童有機會聽人誦讀。他們發現書中隱藏著令人興奮的秘密：你打開它們，就會找到圖畫及成年人也能弄清意思的神秘符號。

很多五至六歲間的幼童不僅開始自發地對圖畫和書本感到興趣，他們還對確切的文字感興趣。他們到處都看見文字——在書本裡，在路上，或者商店的招牌上。父母會注意到孩子很有興趣去閱讀你每天遇到的布告和標示牌。這樣的學習大量發生在這一時期，它使你也一起分享孩子每次成功地弄明白書寫文字的意義時，所帶來的興奮和愉快。

有些五歲幼童已真正開始閱讀，但這是種特殊情況。幼童一般在六至七歲才開始閱讀。學習閱讀和語言發展有明顯的關係，因而語言發展遲緩的幼兒學習閱讀時也往往較費時。

幼童如何學會閱讀?不妨將其視之為一個小奇蹟!

我們能充分瞭解生命最初幾年中語言獲得的過程，但除此之外沒人能透徹地解釋孩子學會閱讀的進展。它和運用象徵符號的能力有關，比方說，孩童要去理解寫在紙上的字母代表的詞語，一組詞語構成的一個句子。他們還要進一步弄清口頭語言和書面文字的關係；也就是說，孩子要理解所讀內容的含意。舉例來說，幼童雖能閱讀，但當單字組成他們弄不懂的詞組時，他們便不認得這些單字了。比如，幼童能順利的唸出「我看到他的臉在黑暗中」的句子，但他們不見得能讀得出「黑暗在深處的臉上」的句子。

閱讀故事書不僅是件樂事，它還有表達幼童某些最原始恐懼的功能。這在童話裡也許最為明顯，這些故事裡的主角有女巫和恐龍，精靈和王子們。這些故事在世界各地表現形式不一，但都反映了人類最根深蒂固的憂慮的事情，並在象徵意義上提供了一個達成

妥協的方法。較新的一個故事是塔福‧延森(Tove Jansson)《瞌睡蟲的故事》(*Moomingtrol*)，這本書大受歡迎，被譯成許多文字。書裡講述瞌睡蟲小莫(Moomingtrol)在冬天過了一半時醒來了，這是從未發生過的事,「自從第一隻瞌睡蟲進洞冬眠以來就不曾有過的事。」小莫的家人們都還在沈睡著,他甚至不能叫醒媽媽。在這陌生神秘的冬季裡,小莫感到特別的孤獨無助。作者在此講述了幼童內心深處的一個恐懼,他們害怕被單獨遺棄在一個陌生兇險而得不到幫助的世界。你很可能還記得孩提時代聽過的神話或者民間故事,其中無疑的有不少是你至今難以忘懷的。

數字

五歲的幼童怎麼理解數字的？當孩子小時候，你

也許幫他數過手指和腳趾，你也許會讓孩子和兄弟姐

妹分配糖果；或許你會和他在一塊積木上再加上一塊

建成一座塔。甚至還有一些有關數字的兒歌是大家耳熟能詳的，如「巴巴黑羊」和「一、二、三、四、五，我釣魚生龍活虎」。

多數幼童在五歲時已能數到二十，這意謂著他們知道的數字就那麼多。但這並不一定表示他們明白這些數字之間的關聯性，因此如果問他們看見了多少個東西時，他們不一定能說出正確答案。在這階段，抽象思維的能力尚未發展的很好，所以幼童可能很難把握一個數字的「意義」。他們能明白他們手裡有兩顆糖，若再給他們兩顆，則他們會說有四顆糖果；但孩子可能無法告訴你二加二等於四的答案。事實上，這年齡的兒童很難理解「加」、「減」這類的數學語言。

曾有人以一組五歲的幼童進行實驗。這些兒童都已做過類似 3 + 2 = 5 和 6 − 3 = 3 的「算術題」。他們被要求把接下來看到的行為在一張紙上表達出來：桌上

有幾塊積木，有些積木被拿走或者加進來。沒有一個幼童能像他們做「算術題」那樣把看到的情形用式子表達出來，結果每個人把自己看到的情形別出心裁的另行表達：有個小孩畫了一隻手把積木加到那一堆的積木上，另一個則畫了幾條長線表示有些積木已被取走。很清楚地，這些孩童並沒有把做「算術題」時用的數學語言和目擊的具體行動聯繫起來。

孩子做加法的能力要比減法先形成，有些幼童覺得後者的概念特別難以明白。我們並不清楚為何會如此，但有個可能的解釋就是許多五歲的孩童無法徹底明白「看不見的事物依然存在」的概念；因此把東西拿走或做減法，會使某些孩子焦慮不安。焦慮總會使思維變得更加困難，孩子和成年人都一樣。至於幼童的情緒到底如何影響他們看待數學概念的態度，我們現在瞭解得還不很完備。

儘管如此，為了充分熟悉數學思維，使孩子能進行抽象思考是最基本的。這種抽象思維的能力是要求孩子能想出一個概念並加以抽象化，給問題一個解決的方法。

抽象思維的發展

凱特(Kate)聽說隔壁鄰居就要搬家了，她的家和鄰居家僅一牆之隔。有一天她回到家後，看著房子對父親說：「魯家不能搬走吔，他們的家和我們的連在一起呀。」凱特理解的「搬家」只是字面上的意思，所以她想像屋子本身會被移到別的地方。而凱特在向父親提出這問題時，也同時表明了這事也許另有答案，並期望父親會對她有所幫助。

幼童的智力和情感是同時發展的，這在抽象思維的領域上表現得尤為明顯。五歲的幼童大半只有具體思維的能力，尚未到達能夠展開心理想像的階段，這也是前面提過的孩子害怕分離的原因之一。要孩子堅信母親暫時離開後一定會再回來並非易事，倘若他們看不到母親，他們就沒法完全相信她還依然存在。或許你曾看過孩子在商店裡猛然警覺和媽媽走散了後，會表現驚恐的樣子。如果發現孩子很難忍受母親不在的

情況，則可以試著讓他保留某件母親的物品，因為這物品會成為替代母親存在的具體物件。

幼童在五歲時多少已朝著抽象思維的方向發展，成人如果能幫他們把這過程用言語表達出來，對孩子會是莫大的幫助。五歲孩童用語言表達悲傷和其他感受的能力正不斷增強，父母要能幫助孩子平穩這種情緒，因為它有時會壓倒一切。我們已指出五歲幼童對於分離仍有強烈的焦慮，而有時父母輕易的認為自己的孩子夠大了，他們能應付這情況，甚至忘記父母不在的這件事情。

伊安(Ian)的母親還記得她的兒子在五歲半時一度很不高興。當時她外出了幾天，她在一個單位工作，時常需要定期旅行。伊安知道母親很快地又要離家外出，而且時間會更長。在她出發的前兩天，她下午到幼稚園去接伊安，伊安突然又踢又叫並拉扯著母親的衣服，

哭天搶地的，就像小寶寶有時候出了問題的行為一樣，知道不對勁卻又找不到言詞表達。這情形一直持續到家裡，她使出渾身解數哄了半天，卻徒勞無功；最後，她靈機一動，問伊安是否因為母親要離開而不高興。伊安氣呼呼的哭著說：「不是！」但過一會兒，他流著淚生氣的說：「妳總是外出又回來，然後又離開，好久都不回來！」她向伊安保證自己一定會回來。後來伊安跟著母親到廚房，他說：「我不記得剛才我怎麼了？」語氣平和而且似乎輕鬆了許多；由此看出，把焦慮用言語說出來大大的幫助了伊安的忙，使他能控制困難的局面。

父母若要外出或是拜訪親戚朋友，應提前和孩子討論，以這樣的方式來預知將來的事件，會有助於孩子為自己創造一個心理形象。依此而行，以後就不必再講明每個細節，因為孩子越來越有能力為自己創造

出概念與事象。

探索現實

　　五歲的孩童會努力的探索真實的世界，及瞭解事物是如何的被解釋，當然他們逐漸發展的新智能也有助於他們對真實世界的探索。

羅勃(Robert)五歲時，和家人從待了三年的國外遷回國內。他們回來時恰好是聖誕季節。聖誕老人對羅勃來說是很重要的人物，他相信聖誕老人存在著。羅勃相信聖誕老人知道世界上所有的孩子住在哪裡，但他想知道聖誕老人怎麼知道人們搬家了，所以就擔憂的問父親：「他怎麼知道我在這裡呢?」孩子們的腦子一刻不停的想要把自己的經歷弄得明明白白。在這例子中，令羅勃困惑的是或許聖誕老人並不是全知全能?在羅勃的問題背後看來還有未說出來的隱憂，他的父親認為這也可能反映了羅勃自己對於搬家的感受：他的保姆和小朋友們怎麼知道自己現在在哪裡? 他不在時，誰會住在他的屋子裡呢?

孩子經常不只牽掛他們認識並關心的人，也會牽掛他們住過的房子；這常使成人大感意外，因為他們或許覺得搬家不太會影響孩子，畢竟他們還年幼不會

在意。和孩子談聖誕老人，給羅勃的父親一個機會省
思與討論下一步的安排，並向他保證他們會寫信告訴
保姆他們的新住址。

　　湯姆(Tom)快六歲了，適逢第一次換牙。媽媽告
訴過他，牙齒精靈會在夜晚出來拿硬幣換他的牙；他
對此半信半疑，也試著想別的解釋方法。當他第二天
早晨發現硬幣時，他想他的牙齒在嘴裡時就必定已經
是硬幣了。牙齒精靈似乎是個挺不錯的解釋，還帶有
神秘色彩。無論如何，他非常珍視自己的牙齒，所以
為什麼在它掉出來之前就不能是硬幣呢？湯姆也試著
換個方法去解釋這件事怎麼發生的。這個例子可以用
來說明五歲的孩子會很投入在某一個爭論中，這有時
會讓大人感到開心，但有時也會激怒成人。

　　艾琳(Irene)五歲時曾做了一個夢，隔天早晨她對
母親說起這個夢。她夢見母親正和某個人說話，而自

己則和一個朋友玩耍；說到此，艾琳突然停下來問：「媽咪，妳是不是也做了一樣的夢？」要讓艾琳明白事情並非如此並不容易，因為孩子在五歲時仍不太清楚何者是清醒，何者是夢境？夢裡的一切可以是栩栩如生的。在這種情形下，如果母親說自己也做了同樣的夢，反而容易促使艾琳明白那只不過是個夢！這個年紀的孩童不能完全區分自己和他人，他們會假定別人也和自己一樣有相同的想法，甚至做相同的夢。傾聽孩子的聲音，你就更能瞭解五歲幼童思維發展的進程。

語言發展

　　五至六歲的孩子所有的時間都在學習新的單字，每天都在增加新的詞彙量。這是個尋求發現的年紀。我

們在西格德·霍的小說中讀到了五歲的安德有一天看到一隻從沒見過的鳥,這隻鳥對他而言是完全的陌生,這和他熟知的烏鴉或麻雀都不一樣。等大人說牠叫做歐椋鳥時,才使他感到自己較熟悉這種鳥了。五歲的幼童要求掌握新的語言,這在認知上是個大變化。他們對周遭世界的新認知會發展,對怎麼稱呼他們發現的一切新鮮事物,也日益感到興趣。

語言是人們之間溝通的橋樑,在我們的生活扮演著一個很重要的角色。前面已提過閱讀能力和語言發展是緊密相關的,閱讀只有在帶給讀者意義時才有用處。

多數五歲的幼童對自己的母語已能掌握得頗為出色,儘管他們還需要更進一步的發展。你或許很熟悉這樣的情形:你五歲的孩子努力地要把一天中發生的事告訴你,而你卻仍是一頭霧水;這是因為你得到的

敘述缺乏了一些必要的細節。你也可能回憶當孩子很小的時候，曾對著爸爸或奶奶講述一件和你有關的事，你自己就能夠把孩子遺漏的細節加以補充。也可以說，在這個年齡的小孩很難把自己放到別人的位置上看事情，因此容易錯估了傾聽者的明瞭程度。

協助幼童發現語言技巧也是學前教師的一個重要職責，所以幼稚園老師會儘可能鼓勵自己和孩子們彼此之間進行大量的語言交流。同時，五歲孩子的靜坐、思考及傾聽能力也大大的提高了，當進行集體聽或講的活動時，他們會變得相當聚精會神。

迄今為止，我們探討的是孩子母語為英語家庭的情形，如果孩子的母語不是英文，情形就又大不相同。他們會在幼稚園裡有機會學母語以外的英語。然而，在孩子開始使用英語時要注意到他們的理解程度；最近的研究顯示儘管孩童看起來能用英語流利的對話，但

經過深入的測試後證明孩子理解的程度其實很有限。據研究，要熟練掌握第二種語言需要兩年的時間，要能充分掌握抽象語言則需五至七年的時間。這意謂著學前教師需要費心確保幼童確實弄懂說過的話，並在必要時把更多的抽象語言「翻譯」成孩子易懂的本國語言。

你和你的同伴也許說著不同的母語，可能你們當中一位說英語，而另一位說不同的語言；而幼童大多先學會說母親說的語言，這是因為他們在嬰兒時期和母親交流得更多些。母親和嬰兒的交流大多發生在哺乳或沐浴的時候，語言也就是以這種方式開始的。有些父母熱衷讓孩子說雙語長大，因為孩子若能不費力地用兩種語言流暢的對話，看起來要比重新學一種新語言有利得多。父母雙方大都希望孩子能講自己的母語，因為他們文化的大部分都傳承在語言當中。父母

期望能和孩子分享其中的部分，例如他們孩提時代接觸過的兒歌或幼兒文學。研究顯示同時應付兩種語言會遲緩語言的發展，倘若一種語言占了主導地位，另一種語言就會退化；但來自雙語家庭的孩子即使不會說，也常能聽懂第二種語言。此外，在雙語社區裡，情形又有所不同，幼童在此往往能夠同時掌握兩種語言。

如果孩子生下來就嚴重失聰，無法聽人言語，他就不能按正常兒童的方法去學習說話。這類幼童需要專門的幫助以便學習交流，他們可以通過手語及唇語的方式來獲得交流的技巧。對於失聰的兒童而言，獲得語言技巧實在是個挑戰，他們不能像正常兒童那樣用言語表達自我。

有些幼童也有程度較輕的聽覺問題，這也會影響他們語言能力的獲得。部分聽力的喪失，有時是一種叫做「膠水耳朵」的症狀造成的，這種症狀在幼童之

中相當普遍，所以在責備孩子心不在焉的時候，要記住孩子可能患有這病症的可能。當然幼童有時會因某種理由「關機」，對父母不理不睬而無關聽力的問題，這就使情況複雜多了。

競爭

有些幼童不願承認有些事是自己不知道的，相反

的，他們會堅持認為自己早就知道，但事實並非如此；
這類幼童的行為舉止有時就儼然是個大人般。在某個
程度上，他們努力克服失敗的強烈恐懼，同時又強烈
的希望能表現出獨立。所有的幼童都渴望成為大人，事
實上也需要如此，因為這正是他們成長的動力。就大
多數幼童而言，這種願望和那種享受做一名獨立幼童
的特權和愉悅的能力是相伴而生的；但有些幼童太渴
望成為大人，以至於沒法享受原本的童年時光，而不
得不設法說服自己不是那種仰賴他人的孩子。對這些
孩子來說，這種競爭的情緒會使他們難以學習，因為
如此一來就必須承認成人擁有更高深的學問。當他們
上小學時，這種情況會更加明顯。毫無疑問的，競爭
情緒是人類生存中的一大要素，它可以對我們有所助
益，也可以消極地產生破壞作用。

　有些人覺得鼓勵幼童競爭是促使他們更加奮發向

上的好方法，他們認為幼童如果失去了競爭心態，就會不肯努力。事實上，情況似乎要更為複雜些。那些能輕鬆勝任工作的幼童是會覺得受到鼓勵而進一步的努力，但對那些在應付事情上有困難的幼童，那種因競爭產生的挫折感反會使他們消極的面對，因為他們很少能體會到成功的滋味。

　　為了防止幼童日後產生嚴重的學習障礙，學前教師很重要的一點是找出方法幫助那些具競爭意識，但又不是全能的五歲孩童。對他們而言，體驗成功是幫助他們奮力學習的重要方法。同時，學習讓幼童對挫折有更大的容忍閾也是很重要的事情，因為我們是藉著錯誤而成長。此外，完全成功的幼童簡直是微乎其微，幼童需要有人幫他們找到一些指引成功之路的經驗；在孩子偶爾承受失敗之前，有必要先使他們有足夠的自信心與滿足感，只要成功的經驗多過失敗，多

數的幼童在時機成熟時自會茁壯成長，開始學習。

　　五歲的幼童開始對玩遊戲感到興趣，甚至是一些難度很高的遊戲，有些遊戲都遠比他們實際的處理能力複雜得多。這年齡的孩童還不夠成熟，無法領會太複雜或太高深的概念。我們前面提過的五歲的諾拉有一次和她六歲的朋友艾蜜莉玩賓果遊戲，按規則是必須為同一幅賓果圖找到兩個詞語才算成功，它的目的即在教小孩認識同義詞。諾拉在這個遊戲裡根本是慘敗，如果不是一位明事理的成人看到了這情形，建議他們換一個簡單的遊戲好讓兩人都能玩的津津有味，整個賓果遊戲就將演變成一場災難。孩子有時需要大人幫助找到一些簡單的玩法，如果任其發展，五歲的幼童就經常會選擇玩那些需要很多努力和過於講究技巧的遊戲。他們得要大人的協助，才能發現遊戲樂趣的真諦。

第四章

孩子在家中的情形

　　五歲幼童繼續發展更加清晰的自我意識，這使他
對於家庭之外的世界越來越注意。這除了會影響到孩
子本身，還會影響到他與家庭的關係。作父母的無疑
會鼓勵孩子和別人交朋友。然而，當你發現且不贊成
這種友誼所導致的一些行為時，父母要作出什麼樣的
合適反應就很難加以把握了。要想平衡對孩子個性發
展的鼓勵，以及制定你認為是重要的行為準則之間的
關係，往往並非易事。

當五歲的幼童對家之外的世界越來越有興趣時，不妨鼓勵他們上些藝能性的課程。例如舞蹈、柔道或體操，或是建議孩子學習一項樂器。選擇上述活動有時是父母自己愛好的結果，你也許愛好舞蹈，認為它有助於培養孩子的良好風度；或者你擅長某一種樂器，也可能你本身並不會，但希望自己的孩子學會樂器，做為自己的補償。同樣地，許多醉心足球或板球的父親會迫不及待地向孩子介紹這些運動的技藝，到五歲時他們的孩子就開始學習。

儘管不少五歲幼童會從學習新技藝的機會中獲得快樂，但更重要的是父母要能細察孩子對這些才藝愛好的反應。倘若孩子並不熱衷，父母要勇於接受這事實，同時幫助孩子發現他們真正的興趣所在。

孩子的產序

　　「產序」對幼童在家中體驗生活事件的方式有著

相當大的影響。做父母的也許還記得自己被爸爸媽媽

託付照顧弟妹或者是因身為家中的老大被賦予一些特

權的情形；另一方面，如果你是個么兒或么女，你也許會厭惡總是被當成小毛頭看待，雖然有時這也意謂著只有你會享受某種特殊待遇。排行居中的孩子則可能會綜合兩者的情緒，有時他們處於年長孩子的位置，有時則有年幼孩子的感受。

家中最年長的孩子與父母的關係往往是特殊的。他會覺得自己是無可匹敵的獨子。此外，第一個孩子的降生對於父母來說是個特殊的重要事件，因此第一個孩子在他們的生活中往往擁有別具一格的地位。另一方面，第二個以及後繼出生的孩子也會因父母對撫養孩子有更充足的自信心而獲益。

五歲的幼童與外面的世界關係越來越密切，他們如果是家中的長子女，可以說他正在開創新境；因為他們是家中第一個孩子，所做所為都是無例可循。當你五歲的孩童上幼稚園時，他們除了興奮，有時還可

能對於弟妹獨自與媽媽在一起而心生嫉妒，並且再度湧起自己年幼時曾有過的某些情緒。這有時會令母親發現自己的處境尷尬。比方說，攜帶年幼些的孩子外出購物或者遠行時，她會考慮是否不要和當時正在從事另一項活動的大孩子說起這件事，以免後者可能心生不快。這些舉動往往會使情況更加複雜，因為年幼的孩子也許會對和母親分享一次秘而不宣的外出活動而深感內疚。

處理這種情形的最好的方法是接納孩子表現出來的羨慕和嫉妒之情，同時對大孩子的活動表示興趣，這樣才能顯出仍是關心和愛著年長的孩子。

第一個孩子進入幼稚園開始離家生活時，留在家的兄弟姐妹對大孩子的態度也有所不同。年幼的孩子往往會想念哥哥或姐姐，並在他們回家時表現出真心的快樂，特別是當年幼的孩子只是一個人時。他們也

可能非常羨慕大孩子能有不同的經歷，並且對他們充滿好奇。

加入同儕團體後，經由比較孩子會意識到了自己力量和能力的限制所在，因此大孩子不再像在家時那樣感到自己在技能以及地位方面的優越。他們可能要面對和自己能力相當甚至能力超過自己的同伴。孩子要與這種局面和諧共處的辦法之一是他可能會盡力在家中向弟弟妹妹們顯示自己的優越感，但這也有可能會自討沒趣！兒童在家中和兄弟姐妹一起通常會倍感安全，覺得可以重新支配他們在其他地方產生的焦慮不安的情勢。

羅勃(Robert)是個很不合群的孩子，他小心翼翼地迎接新奇陌生的事件，彷彿覺得世界是一個危機四伏的場所。這意謂著他在同儕團體中維護自己時有著相當大的困難，上幼稚園後，他試圖對此逆來順受，而

渲洩此憤怒的方法是把自己在幼稚園裡的遭遇還報到他妹妹的身上，他會搶走她的玩具，而且比以前更常戲弄妹妹。

就第二個及以後的孩子而言，他們初次邁進外在世界的經歷又有所不同，因為他們有個優勢，就是已經目睹過兄長或姐姐們的類似的情況。大孩子有時會對弟妹提供忠告，幫助後者應付環境，有時甚至直接幫助弟妹或安慰他們。

然而，和習慣在家中居於優勢的長子女不同的是，產序在後的孩子會覺得加入同齡群體給了他們一個機會去發現一些自己勝過玩伴的活動領域。這很能幫助他們提高自信心繼續進取，但也有些幼兒覺得要趕上兄姐的機會太渺茫了，這可能是由於他們對自身能力缺乏自信的結果。

父母自然會希望有效地去幫助孩子掌握這些情

緒，使他們能夠健康的成長。有一個辦法可以幫助五歲幼童意識到自我以及本身的能力，那便是父母要對孩子之間的競爭要多加注意，尤其是當孩子表現特別敏感時。這樣孩子就不致於被迫去和兄姐做比較，也避免他們因此感到絕望的後果。人們常說「比較是最可厭的」，尤其在涉及同一家庭的不同孩子時，情況更是如此。

當孩子正好處於開始關心外在世界的人生階段，而家中另一個嬰兒降生時，這會使前一個孩子在參與外界的事件時心生矛盾，進退兩難，此時父母更應小心處理這個問題。五歲孩童可能擔心如果對家庭之外的生活發生興趣，父母親就會掉頭去關心那個新來的小寶貝！因此，假如你能正視孩子的這些情感，同時對他的活動特別加以關注，這樣就可以減少許多麻煩的事情。

親子關係

　　孩子要怎樣理解父母呢？他們學習的方法之一便是模仿。你一定還記得孩子在搖籃車內是怎麼模仿你面部的表情，比如微笑。孩子不僅模仿你的動作，還

模仿你的行為,這確實也是學習遵照你的意願去做事的方法之一。在成長的過程之中,五歲的孩子還會從父母的身上發現做成年人,以及做父母的行為模式。

女孩子大多認同她們的母親,想像自己成為那樣的角色;同樣地,男孩也可能較認同他們的父親。這年齡的男孩往往沈湎於證明自己有多孔武強壯,他們扮演幻想中強人遊戲的情形極為普遍,在遊戲中他們相互較量,較量誰最有力量,以及誰最強壯。

女孩則喜歡扮「家家酒」和扮演「父母親」的遊戲。五歲的幼童常愛玩洋娃娃,像對待「嬰兒」般地疼愛它們,該年齡的男孩愛玩洋娃娃的例子也不罕見。不管是男孩或女孩實際上也或多或少在某種程度上認同和自己性別相反的雙親,這點我們在先前已注意到了。

這一年齡的幼童傾向於將父母理想化。在幼童生

活的主要方面，父母被視為最高的權威。倘若五歲的幼童發現父母竟然對他們的某個問題無法回答的話，這將會是一件令他們震驚的事情。要讓這年齡的孩子去接受如此的不確定性，是會帶給他們很不安全的感覺。寶玲(Pauline)多年以後還記得當她問及母親到底有沒有上帝時，所遭到的震驚。她的父母信仰無神論，寶玲從未在家聽到有關上帝的言論。當她在幼稚園聽到人們談及上帝後，她希望確實明白這件事，並肯定母親會提供她一個正確答案。然而母親卻回答她這個問題是見仁見智的觀點，一些人相信有上帝，另一些人則不相信。寶玲感到十分的驚訝，母親居然不能說出一個明確的答案，這件事帶給她的影響相當大，儘管事隔多年，她都無法對此事加以釋懷。

工作中的父母

當五歲的幼童變得更加獨立自主時，父母也許會有一些新的機會，比如找一份工作或者已在工作的父母會增加工作量。除了盡到父母之職，父母若能夠充實自己生活中的其他部分，對孩子也頗有益處。這是孩子伴隨成熟而來，踏上「必要分離」的另一步。

我們如何保證親子相處兩者皆蒙其利呢？從前文我們知道幼童控制心裡欲求的能力很有限，需要有位成年人在這方面幫助他們，因此父母和幼稚園老師進行聯絡是必要的。這使得家庭和幼稚園之間搭建了橋樑，同樣的，結束一天的工作後，和孩子進行互動也

是很重要的。父母可以藉由關心的主題內容的交談來達成親子的互動。換言之，把你的注意力集中到孩子感興趣的事物上，「關掉」你白天關注的事物。這樣你就很容易能體察孩子的情緒是否顯示有什麼不對的地方。同樣的，你也能和孩子一起對白天所發生的事情表現愉悅或滿足的心理。

我們先前說過幼童在這一階段把握意識中形象的能力相當脆弱，總害怕失去什麼。父母持續的關愛有

助於孩子建立自信。因此像孩子要回家時，你可以安排到某處等他們，然後一塊兒回家，增加孩子的安全感，可以避免孩子的恐懼。

慎選保姆

你可能早就擬定了照顧孩子的計劃，但是如果現

在你需要請一位保姆來帶孩子，下面提醒你一些應該
注意的事項。不管你雇用誰，她都將在孩子受其看護
的時間內擔當起父母的工作。我們已經看到成長是在
情感以及心智上去理解世界的過程，前後一致的經驗
會促進這一過程的和諧與美滿。如果你和照顧者之間
對孩子的需要所採取的對策有一個基本的共識，對孩
子會有莫大的好處，重要的是在實施這種共識前，先
弄清楚彼此間該有什麼共識。

　　在和保姆取得共識的問題中哪些是最重要的？第
一點，你要確信你們對行為舉止持有相似的觀點。例
如：孩子可能會因自己整潔的概念不同於你的要求而
感到手足無措。如果你不在乎孩子玩耍時把玩具扔得
到處都是，能夠容忍孩子有時把自己弄得髒兮兮、亂
七八糟的樣子；但保姆喜歡把屋子收拾得井井有條，一
塵不染，並且要求孩子無論何時何處都要乾淨整齊，這

樣就很容易使孩子感到迷惑。對於玩耍結束時清理殘局的要求或是結束時將玩具歸位的要求，你和保姆會有些微的分歧，然而無論是你或是保姆都要能容忍一些東西，如水、黏土或沙子。另一個重要的考量是食物。要求孩子盡力吃完盤子裡的食物的準則需要一致，否則你就是替孩子在生活的一個重要方面製造麻煩，讓孩子接受迥異於他們在家中早已習慣了的菜單，這也會令孩子為難。比如：溫和的口味變為辛辣，或者相反的食物，這都有可能使幼童吃不消，同時還可能令孩子的保姆煩惱，因為她可能對自己安排的食物遭到拒絕而相當不快。此外，你們對於孩子被允許能吃多少糖果可能也會有分歧，如果雙方觀點相距太遠，也可能會對孩子造成無所適從的困擾。

　　尋找一位保姆時，最重要的一件事是保姆對待孩子的態度應與你自己相近。找一個與你不同並能彌補

你本身弱點的保姆，可能是個吸引人的主意，但這麼做只怕會把你的孩子弄糊塗了！最後一點，就像你和幼稚園教師的互動一樣，你和保姆之間保持密切的聯絡也是極為重要的事，因為這樣你才能幫助孩子把不同的經驗加以整合。

處理環境的變動

迄今為止，我們對五歲幼童及其在這世界地位的瞭解正在加深，但這種意識仍是模糊不清的。所以父母對發生在孩子生活中的重要變化需要細心處理，也就成為不足為奇的事情，搬家也許是這類變化之一。

搬家對成年人來說也是件大事，因為它通常需要重新安排很多日常事物，還得對室內及室外社區的新

環境加以適應。對幼童而言，這些調整可能會使他們緊張與害怕。許多父母發現即使是去度假，幼童在最初的幾個晚上也會對就寢時間難以把握，他們還可能無法入睡。的確，就連成年人在陌生的床上輾轉難眠的現象也是屢見不鮮。

五歲的尼傑(Nigel)隨家人外出度假。他帶著樂高積木一起去，每晚入睡前他都要搭一座房子。假期結束一回到家，他立刻衝進屋裡跑到樓上的浴室。父母

大為不解，問他在做什麼？尼傑解釋說他肯定浴室不一樣了，他相信它的顏色改變了。父母很難說服他情況並非如此。由此看來他每晚用積木拼房子很可能是試圖保留他對自己家的形象，他極度關心房子是否還像他所知的那樣存在著，這從他回家後的行動上看得很清楚。

倘若短暫的分離能夠引起這種情緒，那就有理由推斷永久的搬家也會造成孩子類似的失落感，也同樣要適應新環境。舉例來說，對於五歲的幼童而言，度假時在陌生的房間就寢是很不容易適應的。夜晚時分各種暗藏的焦慮往往就會出現，這是對分離極為敏感的時刻。睡眠時，清醒的理性思維暫告消失，非理性的以及有時是令人恐懼的思維則取而代之。

日常生活中自然會有重大的變化需要去適應。幼童和成人一樣，需要對家庭內外的新環境加以適應。他

們會思念以前一起玩過的夥伴，什麼才是紓解這種變遷的最佳方式？無疑的，就是和孩子討論將要來臨的變動，以便幫助他們形成某些心理準備。一旦新居已選定，帶孩子去看看將使他對新家有個具體的概念。在和五歲幼童分享消息時，最好考慮到必要的平衡。你也許認為帶孩子一起去尋找房屋，並且讓他們參與決定會有所裨益。然而，這卻可能使孩子焦慮不安，因為他們多半會覺得這一過程中涉及的不確定性太難解決。最好還是等父母自己做出決定，這樣就有可能分享事實而非某種可能性。

搬家往往還會引起就讀幼稚園的變動。對於該年齡的孩子，這幾乎肯定會造成某種程度的心理壓力。讓孩子能夠藉某種方式去接受別離是非常重要的。這個方式可以簡單到對幼稚園教師和朋友道聲再見，也可以是帶走原先幼稚園的某個紀念品，比如在那裡拍的

照片或製作的模型等。其次，最好能在搬家之前先去
參觀新的幼稚園,這會使孩子事先在腦海中有個憧憬,
並及早做心理準備。

孩子在家中的地位

隨著個人意識越來越明顯與越來越重要，五歲的

孩子對自己的家庭及其淵源發生了極大的興趣。他想
知道他如何與家人協調，想知道家中的親戚，諸如：
姑媽、叔伯、表親、祖父母，是如何成為他生活圈的
一部分。翻看家庭相簿是分享有關訊息的方法，這也
是全家人都會興致盎然的活動。此外，時常探訪親戚
也提供了一個對孩子解釋家族關係的機會。無疑的，比
較各個不同的家族成員有助於個人身分意識及歸屬感
的形成。

　　在領養孩子的家庭中，這種特徵會比較複雜。倘
若你是位養父母，有時你會感到遺憾，不能在孩子身
上找到屬於你們家族遺傳的基因。當然從另一方面說，
如果家族遺傳的因子並不那麼討人喜歡，孩子沒有繼
承此種因子，反倒可能使人欣慰！

　　如果你的孩子是領養的，你還面臨著一個如何把
這一切向他們說明的難題。今天，父母通常得到的忠

告是在剛開始領養時就將實情告訴孩子，因而一旦時機出現，人們就會勸父母與孩子談論這件事。如此的話，到孩子五歲時，你很可能早就有機會告訴孩子這個事實，等到新的機會出現時，再進一步解釋領養的過程，並向孩子保證你雖然不是親生父母，但對孩子視如己生，他從現在起就是你們家庭的一員了。

　　到目前為止，我們顧慮到的五歲幼童生活的各個層面大多是從核心家庭模式的幼童立場出發的，這種家庭由一父一母，一個或多個子女組成。但另一些幼童的情況並非如此。孩子也許只和一位單親住在一起，原因不外是父母分居或是離異，或是父母一方去世，也可能是父母從不住在一起。在前面的章節，我們已探討不同種族和文化背景的幼童彼此接觸所產生的相互影響。同樣的，幼童也會發現家庭背景的不同。父母雙全的孩子會知道有些父母確實決裂了，而且每個孩

瞭解你五歲的孩子

120

子都會有一段時期對父母彼此親密，自己卻排除在外的情況感到非常妒忌並多半還會有些焦慮不安。他可能會敏感地對你議論此事，這也是他試圖尋找安全的保證。

單親家庭的孩子很可能會因為察覺到自己與其他小夥伴們不一樣而心生憂戚。他們很可能想知道自己另一個親人的現況，如能和他們分享這方面的資訊，也許會有好處。

如果父母離異而輪流照顧孩子，這種情況最好讓幼稚園的老師知道，因為不明真相的幼稚園教師很容易無意之中令孩子挑動父母互相爭鬥。

父母離異或分居的孩子需要克服的另一困難是他們感到自己對父母的忠心被動搖。幫助一名處在父母爭奪之中的孩子有時是很不容易的事，關愛幼童的成年人若注意到這一點是避免這種狀況發生的第一步，父

母能共同為孩子著想，將有助於彼此儘可能地表現出同心協力，使幼童認為父母仍是愛自己的。

當一位帶著孩子的單親父母再婚時，孩子與大人都必須設法適應這一新的環境。在這種情況下，年紀小些的幼童可能要比大一些的孩子容易親近新的父母，因為大一些的兒童有了更多的獨立意識，也可能是與原來的父母感情較為深厚。正如我們所見，五歲的幼童仍須經過一番努力才能理解並順應變故，因為任何的變故都極可能是一大挑戰，而且事實上對作為父母和繼父母的人來說幾乎也是如此。父母需有極大的敏銳力以便理解孩子無可避免的親情分裂，以及對新結成的父母關係產生嫉妒之心。新來的配偶若能與孩子有相同的興趣愛好，會使事情順利一些，但還得使關係順其自然地發展，這樣才能幫助孩子心甘情願地接受新配偶的權威與地位。

展望未來

　　我們看到五歲幼童正處在發展的過渡階段。在出生以後的最初幾年裡，幼童不得不去適應他們所降臨的世界，去面對邁向成熟的奮鬥中湧現出來的諸多強有力的情感。在五至六歲期間，幼童有一個突飛猛進的發展，父母對自己當年的變化也往往會感到驚奇。在六、七歲左右，孩子的成長會發展到一個情緒適當穩定下來的程度——這就使得他們能把更多的注意力轉移到外在世界，而不再只侷限於內心世界。

　　接下來的階段裡，幼童會在智力方面快速發展，對周圍的世界發生興趣，喜歡瞭解事物的原理，同時

第四章　孩子在家中的情形

123

　　在獲得常識方面也有長足的進展。這是發育期和青春期的前奏，到那時成長中的孩子又會再次面臨即將步入成人行列前出現的情感狂飆期。屆時，早年曾經遭遇過的情感問題又再度湧現，一如過去，這或許也是解決早年發展過程裡懸而未決的某些障礙的第二次機會。

　　我們已經審視了圍繞五歲幼童發展所帶來的若干問題。五歲的幼童對於家庭以外的世界正變得日益關

注，他們開始了一個發現自我以及在世界上所扮演角色的旅程，這個旅程將會激動人心般的扣人心弦，有著滿足感的快慰，同時也要付出相當艱苦的努力。在努力瞭解孩子在這個過程中的感受時，作為父母的你，也同時給了他們邁向成熟路上最寶貴的財富。

參考資料

☑ *Early Childhood Education*, Tina Bruce, Hodder & Stoughton, London, 1987

☐ *Children's Minds*, Margaret Donaldson, Fontana, 1978 (For a critique of Piaget's theory of intellectual development)

☐ *Human Development, an introduction to the psychodynamics of growth, maturity and ageing*, Eric Rayner, Allen & Unwin, London, 1978

☐ *Narratives of Love and Loss, studies in modern*

children's fiction, Margaret and Michael Rustin,

Verso, London, 1987

協詢機構

☐中華兒童福利基金會臺北家扶中心

(02)351–6948

臺北市新生南路一段160巷17號

☐臺北市私立天主教附設快樂兒童中心

(02)305–8465, 307–1201

臺北市萬大路387巷15號

☐臺灣世界展望會

(02)585–6300 轉 230~231

臺北市中山北路三段 30號 5F

□財團法人中華民國兒童福利聯盟文教基金會

(02)748-6006

臺北市民生東路五段 163-1號 3F

□財團法人臺北市友緣社會福利事業基金會

(02)769-3319

臺北市南京東路 59巷 30弄 18號

□財團法人臺北市覺心兒童福利基金會

(02)551-6223, 753-5609

臺北市中山北路二段 59巷 44弄 3號 1F

□財團法人臺北市聖道兒童基金會

(02)871-4445

臺北市天母東路 6-3號

□臺大醫院精神科兒童心理衛生中心

(02)312-3456 轉 2390

臺北市常德街1號

□中華民國兒童保健協會

(02)772–2535

臺北市忠孝東路四段 220號 8F

□中華民國兒童保護協會

(02)775–2255

臺北市延吉街 177號 8F

□中國大陸災胞救濟總會臺北兒童福利中心

(02)761–0025, 768–3736

臺北市虎林街 120巷 270號

□財團法人中國兒童福利社（附設諮詢中心）

(02)314–7300~1

臺北市中正區武昌街一段16巷 5 號

三民書局在網路上
與您見面囉！

從此您再也不必煩惱買書要出門花時間
也不必怕好書總是買不到

有了三民書局網路系統之後
只要在家裡輕輕鬆鬆
就好像到了一個大圖書館

全國藏書最齊全的書店
提供書籍多達十五萬種
現在透過電腦查詢、購書
最新資料舉手可得
讓您在家坐擁書城！

●會員熱烈招募中●

我們的網路位址是http://sanmin.com.tw

做孩子一生的朋友

~親子叢書系列~

父母的成長從瞭解孩子開始

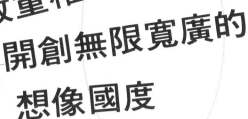

釋放童稚的心靈
開創無限寬廣的
想像國度

■中英對照

伍史利的大日記
─ 哈洛森林的妙生活 I、II ─

Linda Hayward著
本局編輯部　譯

趁著哈洛小森林的動物們正在慶祝
著四季的交替和各種重要的節日時
，讓我們隨著他們的腳步，一同走
進這些活潑的小故事中探險吧！

活潑逗趣的精彩內容
讓您回味兒時的點點滴滴

─ 給大孩子們的最佳獻禮 ─

※中英對照

■100%頑童手記
陸谷孫譯
Wilhelm Busch著

且看頑童又會想出什麼惡作劇的點子？惡作劇的下場將是如何？七個惡作劇故事的連綴，將有您想不到的意外發展……

■非尋常童話
陸谷孫譯
Wilhelm Busch著

由中、英兩種語言寫成流暢的雙行押韻詩，串連起一篇篇鮮活的「非尋常童話」。

─簡明的文字
精美的挿圖
最受孩子們歡迎的
故事書─

~救難小福星系列~

Heather S Buchanan著
本局編輯部編譯

①魯波的超級生日
②貝索的紅睡襪
③妙莉的大逃亡
④莫力的大災難
⑤史康波的披薩
⑥韓莉的感冒

繽紛的童言童語 一

照亮孩子們的詩心詩情

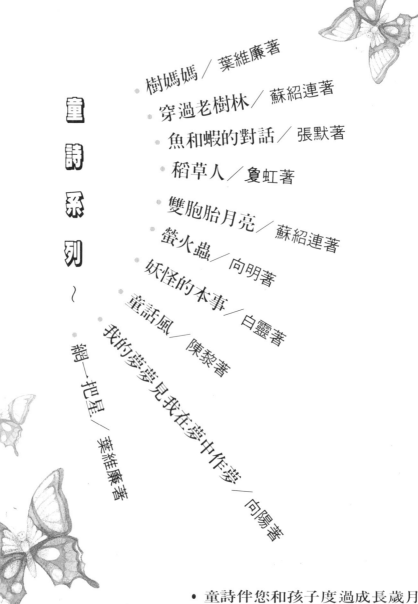

童詩系列～

- 樹媽媽／葉維廉著
- 穿過老樹林／蘇紹連著
- 魚和蝦的對話／張默著
- 稻草人／夐虹著
- 雙胞胎月亮／蘇紹連著
- 螢火蟲／向明著
- 妖怪的本事／白靈著
- 童話風／陳黎著
- 我的夢夢見我在夢中作夢／向陽著
- 網一把星／葉維廉著

• 童詩伴您和孩子度過成長歲月

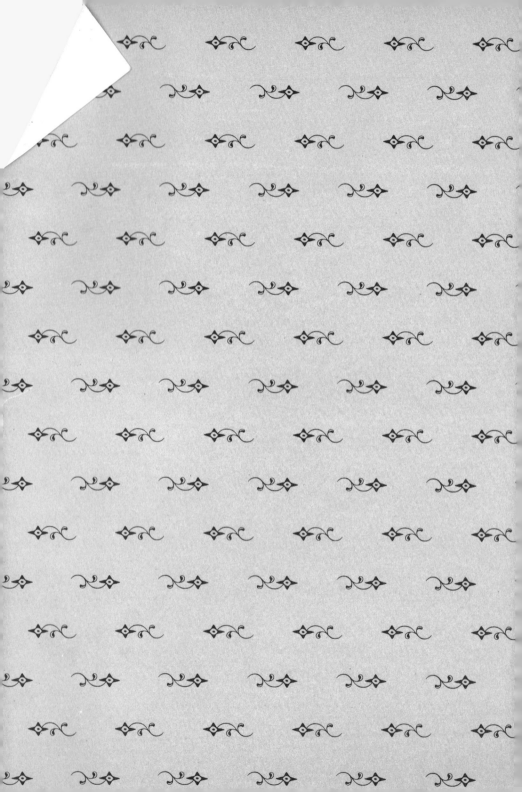